AF338019

INAUGURATION DU BUSTE

DE

LOUIS BRAILLE

Des Aveugles. Considérations sur leur état physique, moral et intellec-
tuel, avec un exposé complet des moyens propres à améliorer leur sort
à l'aide de l'instruction et du travail ; par P.-A. *Dufau*, directeur de
l'Institution nationale des Aveugles de Paris. *Ouvrage couronné par
l'Académie française.* Seconde édition, revue, augmentée, et accompa-
gnée de planches en relief, sommaire des chapitres et liste des noms
des aveugles cités. Un volume in-18. Prix : 7 fr. 50. — Librairie de
Jules Renouard et Cᵉ, éditeurs et commissionnaires pour l'étranger.

Souvenirs d'une Aveugle-née, recueillis et écrits par elle-même, publiés
par P.-A. *Dufau.* Un volume grand in-18, format anglais. Paris 1851.
Prix : 3 fr. 50.

Notice historique, statistique et descriptive sur l'Institution nationale des Jeunes Aveugles de Paris, par P.-A. *Dufau*, avec une vue
de l'Institution prise au daguerréotype, et un tableau de l'impression
et de l'écriture en relief à l'usage des aveugles. 1852, in-12. Prix : 1 fr.

L'Institut des Jeunes Aveugles, son Histoire et ses procédés d'enseignement, par J. *Guadet*, instituteur. In-8°. Prix : 2 francs.

Le Mécanisme de la Composition instrumentale, ou Explication ana-
lytique de toutes les productions de musique instrumentale ; dédié à
M. Caraffa ; par G. *Gauthier*, chef d'orchestre, professeur d'orgue et de
composition à l'Institution nationale des Aveugles, organiste de la paroisse de Saint-Étienne-du-Mont. Paris, 1845. Un vol. in-18. Prix : 2 fr.

Traité d'Harmonie, contenant les règles et les exercices nécessaires pour
apprendre à bien accompagner un chant ; par J.-F. *Moncouteau*, organiste de la paroisse de Saint-Germain-des-Prés, professeur de composition, ancien élève de l'Institution nationale des Aveugles. Paris, in-4°.
Prix : 20 francs.

Ces ouvrages se trouvent chez le concierge de l'Institution.

INAUGURATION

DU BUSTE DE

LOUIS BRAILLE

AVEUGLE

ANCIEN PROFESSEUR DE L'INSTITUTION

INVENTEUR

DU PROCÉDÉ D'ÉCRITURE EN POINTS SAILLANTS

CE BUSTE EST L'OEUVRE DE

M. JOUFFROY, SCULPTEUR.

PARIS

IMPRIMERIE D'E. DUVERGER

RUE DE VERNEUIL, 6

1853

Paris, 8 juin 1853.

L'hommage public rendu à la mémoire des hommes à qui il fut donné d'acquérir des droits à la reconnaissance de leurs semblables fut toujours en possession d'exciter l'intérêt de tous. C'est qu'en effet la société tout entière, qui se ressent du bien fait à quelques-uns, doit accepter la solidarité du tribut qui en est la juste récompense. Les pièces contenues dans cet écrit n'ont pas d'autres titres à quelque sympathie de la part des lecteurs.

Elles n'étaient pas primitivement destinées à la publicité, et sans doute leurs auteurs se fussent modestement contentés des suffrages de l'auditoire nombreux et brillant que la cérémonie d'inauguration avait réuni dans l'élégante salle des concerts de l'Institution, le 25 mai 1853 ; mais à l'issue de cette séance, le directeur de l'Institution reçut la lettre suivante, que son auteur, M. Duverger, imprimeur, voudra bien permettre de publier :

« Retenu par des affaires que mon devoir m'empêche de quitter, je ne pourrai me rendre aujourd'hui à la séance pleine d'intérêt dont vous m'avez envoyé le programme.

« Si j'ai bonne mémoire, j'ai souscrit pour le simple monument élevé à l'homme aussi utile qu'il a été modeste, à ce bienfaiteur de l'humanité, dont l'invention admirable n'est pas assez connue et n'est pas assez appréciée par ceux qui la connaissent.

« Souscripteur ou non, permettez-moi de coopérer, à ma manière et selon mes facultés, à l'hommage qui va être rendu à un homme de bien ; permettez-moi d'imprimer à mes frais le compte rendu de la séance, au nombre d'exemplaires que vous jugerez nécessaire ; vous n'aurez que le papier à fournir. Mes presses, par lesquelles passent tant de bonnes et de mauvaises choses, consacrées cette fois à un hommage rendu au mérite et à la vertu, n'auront jamais servi à œuvre aussi bonne.

« Agréez, etc. »

A cette lettre, il n'y avait qu'une réponse : c'était l'envoi des pièces non musicales contenues au programme dont on reproduit ci-après la composition.

1° **Ouverture de Stratonice.** . . . . Méhul.

2° **Compte rendu** de la souscription, par M. Dufau, directeur.

3° **Cantate** en l'honneur de Louis Braille, paroles de M. Dufau, musique de M. Lebel, professeur ; les solo chantés par Mlle Broquet, ancienne élève, et M. Amic, professeur. . . . . Lebel.

4° **Notice biographique**, par M. Coltat, professeur.

5° **Motet** composé par M. Roussel, maître de chapelle et chef d'orchestre, chanté par Mlle Anna Paté, professeur. . . . . Roussel.

6° **Marche commémorative**, composée par M. Gauthier, professeur. . . . . Gauthier.

COMPTE RENDU

DE LA SOUSCRIPTION,

PAR

M. DUFAU, DIRECTEUR DE L'INSTITUTION.

Messieurs,

La solennité qui nous réunit aujourd'hui dans cette enceinte remplit nos cœurs d'une douce émotion à laquelle s'associeront volontiers les vôtres, qu'anime un sentiment de bienveillance en faveur de cet établissement. Nous venons payer un juste tribut à la mémoire d'un homme qui, par des efforts continus, persévérants, parvint à doter ses frères d'infortune d'un don précieux, d'un moyen prompt et facile de fixer pour soi, de transmettre à autrui la parole. Par lui l'écriture, cet art ingénieux et fécond qui compte au premier rang parmi les conquêtes de l'esprit humain, est devenue véritablement accessible à l'individu atteint de cécité. Le nom auquel se rattache un aussi grand service, le nom qui rappelle en outre le plus estimable caractère, un esprit sage et tempéré, une vie pure et chrétienne, ce nom, dis-je, vous le concevrez sans peine, messieurs, ne devra plus désormais être prononcé dans notre institut qu'avec respect, qu'avec amour; et vous ne vous étonnerez pas qu'au moment où la tombe se refermait sur la dépouille mortelle de M. Braille, la pensée de consacrer par un hommage public, par un durable monument, les souvenirs qu'il laissait dans tous les cœurs se soit spontanément produite par un de ces nobles élans qui n'honorent pas moins ceux qui en reçoivent l'impulsion que celui qui en est l'objet !

Oui, elle fut spontanée parmi les élèves, parmi les maîtres, cette pensée touchante; et combien je suis heureux d'avoir à rendre ce témoignage à l'institution que l'État confie à mes soins ! Quelle consolante image me fut offerte par cette expression si profonde et si vraie du sentiment de gratitude qui agitait de jeunes cœurs auxquels le préjugé prétendit jadis qu'un tel sentiment devait rester étranger ! Quelle plus douce récompense pouvait être accordée aux veilles, aux travaux qui ont eu pour but de rétablir en quelque sorte dans tous leurs droits à la vie sociale des êtres si longtemps méconnus ! Ici, je me plais à le déclarer, je n'eus qu'à seconder le mouvement des esprits et peut-être à déterminer le mode qui paraissait devoir être préféré pour réaliser la pensée de tous. On s'arrêta à l'idée de perpétuer dans un buste les traits de celui qu'on venait de perdre ; et bientôt, le hasard ayant fait connaître ce projet au statuaire éminent à qui l'établissement doit le beau fronton qui décore sa façade, il offrit généreusement son ciseau. M. le ministre de l'intérieur voulut bien aussi nous accorder son concours, en mettant un marbre à ma disposition. Déjà une souscription s'était ouverte; élèves anciens, élèves actuels, professeurs, employés de tout ordre, l'institution dans sa collectivité, les membres de la commission consultative, qui m'aident avec tant de zèle à l'administrer, les œuvres fondées pour en compléter les résultats, tout le monde a apporté son tribut. Le produit s'est élevé, déduction faite de quelques frais, à 1380 francs, somme modique sans doute, car les ressources de plusieurs de nos souscripteurs étaient faibles comparativement à leur désir de concourir à cet acte si honorable; mais M. Jouffroy, auteur du buste qui va dans un instant apparaître à vos regards et doit, par de rares mérites d'exécution, ajouter un nouveau titre à sa renommée, M. Jouffroy acceptera le souvenir reconnaissant qui restera gravé dans le cœur de nos élèves ; le sien, comme celui de tout véritable artiste, est fait pour sentir le prix d'une telle rétribution de ses insignes labeurs.

Tel est, messieurs, en peu de mots, l'historique de l'entreprise qui s'accomplit aujourdhui par cette cérémonie d'inauguration. Il fut un temps, qu'il me soit permis de le dire, où il eût paru déraisonnable de la concevoir, cette entreprise, au sein de notre Institution. Sa réussite atteste une de ces complètes transformations qu'il faut s'attacher à bien constater. J'interroge les souvenirs de plusieurs de ceux qui m'écoutent. N'y retrouvent-ils pas une époque où les pauvres enfants admis parmi nous, tristes dans le présent, inquiets de l'avenir, concentrés en eux-mêmes, abaissés aux yeux du monde, n'eussent guère cru à la possibilité d'ériger, par leurs offrandes réunies, un monument à la mémoire d'un de leurs maîtres? Ils se croyaient eux-mêmes, hélas ! exclusivement destinés à recevoir, et non à donner ! Quel immense changement ! Les voici relevés à leurs propres yeux, fortifiés par des succès qui s'étendent chaque année, prenant position dans la société, et dès lors osant obéir à ces douces inclinations dont ils furent longtemps obligés de refouler en eux l'expression !

Et c'est ainsi que l'hommage rendu à la mémoire de Louis Braille m'est doublement cher. Si j'en suis fier comme chef de l'établissement, combien mon âme est-elle également touchée d'avoir eu à payer moi-même, par quelques lignes où l'indulgence du lecteur ne doit voir que le sentiment qui les a dictées, mon tribut à celui que, selon l'ordre naturel des choses, je devais précéder dans l'éternelle demeure! Je n'ai point à vous retracer sa carrière, toute vouée au bien ; c'est à une voix amie, à celle de M. Coltat, son confrère et son émule, qu'est dévolue cette tâche, qu'il a si bien remplie dans une intéressante notice biographique dont M. Guadet, instituteur, va faire lecture. Je dirai seulement que Louis Braille fut au nombre de mes élèves à l'époque où j'occupais moi-même le second rang dans l'établissement ; qu'il m'a été ainsi donné d'assister aux premiers développements de son intelligence ; d'en seconder l'essor vers le perfectionnement de nos procédés d'instruction, et l'on comprendra sans peine quel affectueux intérêt ajoute pour moi cette circonstance à l'hommage solennel qui lui est aujourd'hui rendu !

Je m'arrête ; mais je ne quitterai point la parole sans saisir cette occasion d'émettre un vœu auquel Louis Braille se fût associé avec ardeur, et qui réjouira son âme au sein de Dieu, où ses vertus ont dû l'appeler. C'est celui d'un autre hommage non moins légitime et auquel l'institution entière concourra d'un élan unanime dès que le signal lui sera donné. Valentin Haüy, de qui nous procédons tous, Valentin Haüy, créateur de cet établissement qui a servi de modèle à cent autres, et dont le nom doit prendre rang à côté de celui de l'abbé de L'Épée parmi les bienfaiteur de l'humanité, attend encore un témoignage éclatant de la reconnaissance nationale. Celui que nous rendons en ce jour à un des habiles maîtres formés d'après ses préceptes m'est d'un favorable augure. Oui, je conçois l'espérance que bientôt, avec l'appui d'un gouvernement empressé d'accueillir toutes les généreuses pensées, s'élèvera un monument destiné à consacrer sa mémoire à la vénération publique. Ah ! que ce jour où nous aurons à inaugurer la statue de Valentin Haüy serabeau pour l'Institution ! et combien aussi cette fête de nos cœurs honorera la France, qui, la première entre les nations, se sentit touchée d'une tendre commisération en faveur des aveugles, la France, qui, en dotant la civilisation moderne de l'art ingénieux de les instruire, a amélioré puissamment pour eux les conditions d'existence et leur a ouvert un avenir dans lequel leurs progrès ne doivent plus désormais avoir de terme !

CANTATE

PAR M. DUFAU.

RÉCITATIF.

Chers enfants, venez tous, accourez en ces lieux !
A celui qui n'est plus, à celui dont l'image
    Du marbre sort vivante aux yeux,
    Rendons un solennel hommage.

CHŒUR.

A toi, de notre enfance et le maître et l'ami,
    Dont l'utile et modeste vie
    Nous fut, hélas ! trop tôt ravie !
    A ton nom parmi nous béni !
Pour réjouir ton âme, aux célestes demeures
    Où t'ont fait asseoir tes vertus,
    Que ces chants qui charment nos heures
Se mêlent un instant aux concerts des élus !

PRIÈRE.

Mon Dieu, tu veux qu'au cœur de ton enfant fidèle
    Le bienfait dont il fut doté
    Allume une flamme éternelle !
    Tu souriras dans ta bonté
    Quand jusqu'à toi sera porté
    L'hymne de la reconnaissance.

UNE VOIX.

Si j'ai la noble jouissance
De lire d'un doigt exercé
Ce que mes frères ont pensé,
C'est à la magique puissance
De cet art ingénieux
Qu'élabora sa patience,
Que je dois le don précieux.

UNE AUTRE VOIX.

Laissez, laissez ma main effleurer la surface
De ces traits reproduits par l'habile ciseau.
Que son image à mes sens se retrace,
Qu'il sorte pour moi du tombeau !
Oui, mon toucher subtil, un instant, de lé rendre
A la vie aura le pouvoir ;
Mon oreille croira l'entendre,
Et mon esprit croira le voir !

CHŒUR.

Quand la mort à pas lents s'avançait vers sa couche,
C'est en songeant à nous qu'il la voyait venir ;
Dieu fut le dernier mot proféré par sa bouche,
Nous eûmes son dernier soupir !

(Reprise du premier Chœur.)

NOTICE BIOGRAPHIQUE

SUR L. BRAILLE

PAR M. COLTAT, PROFESSEUR.

La vie de l'homme de bien s'écoule comme un ruisseau lim-
pide qui porte incessamment vers l'Océan le tribut de ses eaux,
et qui souvent se cache sous l'herbe : elle est belle à contem-
pler pour le témoin oculaire ; mais n'est-il pas à craindre que
le tableau historique n'en soit trop peu coloré ? L'histoire des
rois bons et pacifiques offre moins d'attrait à l'imagination
que celles des conquérants ! La biographie de M. Braille se
bornera donc à un aperçu des services qu'il a rendus, et au tableau de ses qualités morales et de ses vertus domestiques. On
y verra un homme qui, loin de s'affliger de la cécité, sut se
mettre au-dessus d'elle et même la faire contribuer à la faible
part de bonheur que Dieu accorde à l'homme sur la terre, en
vue, sans doute, de l'empêcher d'oublier les cieux.

A un autre que nous, à celui qui fut le compagnon de ses pre-
mières études, et pendant trente-deux ans son fidèle ami, revenait le privilége de raconter ses actions et ses vertus ; mais dès
longtemps M. Gauthier préméditait un autre hommage à offrir à
son ami. A nous par conséquent, l'un des élèves de M. Braille,
à nous qui avons eu aussi l'honneur de partager avec lui les
douceurs de l'amitié, à nous revenait le précieux avantage de
parler d'un ami absent ; car qu'est-ce que la mort pour deux

amis, sinon une absence momentanée ; et celui qui survit n'est-il pas un voyageur attardé sur la route du temps à l'éternité?

Louis BRAILLE naquit le 4 janvier 1809, à Coupvray, arrondissement de Meaux. Ses parents exerçaient l'état de bourreliers; ils étaient déjà avancés en âge lors de sa naissance. Comme le dernier né de Jacob, le petit Louis fut l'enfant de prédilection, et le 4 janvier fut regardé comme un jour de bonheur. Son père aimait à se le représenter comme la consolation, l'appui, le compagnon de sa vieillesse. Cette dernière espérance, seule, ne devait pas être réalisée. Dieu avait résolu de placer le jeune Braille dans une autre famille, plus nombreuse, et où il avait plus de bien à faire.

Un jour (c'était à l'âge de trois ans), assis à côté de son père, qui travaillait et contemplait avec amour son petit Benjamin, l'enfant voulut aussi travailler et imiter les mouvements qu'il voyait faire ; l'une de ses petites mains saisit une lanière de cuir et l'autre une serpette, et le voilà à l'ouvrage. La faiblesse rencontre facilement des obstacles ; il s'en présente un : l'instrument tranchant s'échappe obliquement, et va frapper l'œil du pauvre ouvrier !...

C'en est fait, ses destinées sont changées tout entières ! Il prend en quelque sorte naissance pour une nouvelle vie ! Des ténèbres de l'ignorance, de l'indifférence profonde et funeste qui sont trop souvent le triste apanage des habitants de la campagne, il va passer dans la vie active et intellectuelle, au sein des lumières de la grande cité ; son âme s'y embrasera du feu de la science et des vertus sociales, morales et religieuses ; il se vouera au bonheur de la classe intéressante dans laquelle il va entrer. O cécité, es-tu donc un malheur quand tu produis de tels résultats?

Un œil avait été atteint par l'instrument tranchant; mais, comme il arrive souvent, l'inflammation gagna le second, et la

cécité devient bientôt complète, malgré les efforts de la médecine pour arrêter les progrès du mal.

Le père, désolé, voulut donner un contre-poids à sa douleur,
en procurant à son cher fils une éducation appropriée à son nouvel état; il sollicita son admission à l'Institution des Aveugles.
La nomination fut prononcée le 15 janvier 1819, et, le 15 fé-
vrier suivant, l'institution reçut dans son sein l'enfant de dix
ans qui devait devenir une de ses bienfaisantes lumières.
Bientôt il se lia avec un autre jeune enfant qui devait être
l'émule des plus grands maîtres dans l'art musical, et donner
par son génie un nouvel élan à la musique parmi les aveugles : alors commença une inaltérable amitié entre Braille et
Gauthier.

Un air intelligent, une figure qu'illuminait assez souvent un
agréable sourire, mais que jamais ne troublait une folle gaîté,
tout dans la physionomie du jeune Braille faisait pressentir les
plus heureuses dispositions, et annonçait les plus aimables qualités. Aussi réussit-il dans toutes les études scientifiques et
musicales auxquelles il fut appliqué.

Comme tous ses condisciples, il apprit à lire au moyen des
caractères en relief imaginés par Valentin Haüy, l'illustre inventeur des méthodes pour l'enseignement des aveugles, dont
la mémoire est restée si chère parmi nous.

Par l'activité de son intelligence, Braille fut bientôt au cou-
rant des éléments de grammaire, de géographie, de calcul, etc.
De bonne heure, on lui fit donner des leçons de violoncelle et
de piano ; c'est surtout pour ce dernier instrument qu'il montra
un facilité remarquable.

Le jeune Braille marchait très vite dans la voie du progrès :
des classes élémentaires, il passa bientôt aux classes plus éle-
vées; tous les ans, le nom de Louis Braille retentissait avec éclat
parmi ceux des lauréats des différentes distributions des prix.
Dans les derniers temps de son séjour à l'Institution à titre
d'élève, Louis Braille se livra à l'étude de l'orgue, et acquit

bientôt assez de talent pour qu'on pût lui confier successivement des buffets dans différentes paroisses de Paris. Son exécution était précise, brillante et dégagée, et représentait assez bien l'allure de toute sa personne.

Cependant Louis Braille était arrivé à l'âge d'homme; ses études fondamentales étaient terminées avec son temps scolaire; le moment était venu où l'institution allait recueillir les fruits dont les germes avaient été semés dans sa jeune intelligence. Il fut nommé professeur au commencement de l'année classique 1827-28. Il commença sa nouvelle carrière par les classes de grammaire, de géographie et d'arithmétique. Plus tard, il enseigna l'histoire, la géométrie et l'algèbre. La flexibilité et la lucidité de son esprit se prêtaient aussi facilement au développement des règles du langage qu'au laconisme de l'argumentation mathématique; et ce n'est pas seulement dans les sciences que Braille fut un habile professeur, il forma aussi des élèves de piano fort distingués. Il s'acquittait de ses fonctions avec tant de charme et de sagacité que, pour ses élèves, le devoir d'assister à la classe était transformé en un véritable plaisir. Chez eux, l'émulation n'avait pas seulement pour but de s'égaler ou de se surpasser les uns les autres, elle devenait encore une touchante et continuelle attention à se rendre agréables à un professeur qu'ils affectionnaient comme un supérieur estimable et comme un ami sage et éclairé, fertile en bons conseils.

L. Braille ne se borna pas à l'enseignement oral; il composa plusieurs traités dans lesquels il ne montre pas moins d'habileté que dans ses leçons. Il fit, entre autres, un traité d'arithmétique imprimé en relief, qui est un chef-d'œuvre de clarté et de concision : « Nos procédés d'écriture et d'impression, « disait-il, occupent beaucoup de place sur le papier; il faut « donc resserrer la pensée dans le moins possible de mots. » Cette qualité était passée en habitude chez lui, et pouvait même donner un peu de sécheresse à son style quand il traitait d'autres matières que la science; on eût dit qu'à l'imitation du satirique latin, dans ses écrits, Braille

Affectait d'enfermer moins de mots que de sens.

La même concision se trouve dans les divers précis d'histoire qu'il fit pour ses élèves.

Dès l'origine de sa carrière de professeur, L. Braille fut secondé dans son enseignement par la découverte de l'écriture en points saillants, admirable invention dont il s'était déjà occupé pendant qu'il était encore élève, et qui a fait faire un si grand pas à l'instruction parmi les aveugles. Ses journées étant employées par l'étude, c'était la nuit qu'il consacrait à faire ces combinaisons de points qui devaient remplacer le procédé de Barbier, et devenir une système orthographique ou sténographique, suivant la volonté de l'écrivain. Dans son village pendant les vacances, comme à l'Institution pendant l'année classique, jamais il ne perdit de vue son travail; jamais il ne déroba un instant au développement ou à la pratique de son nouveau procédé d'écriture et de lecture.

La simplicité de ce système le met à la portée des plus faibles intelligences, et, grâce à cette invention, les aveugles peuvent désormais prendre des notes dans leurs classes, faire leurs devoirs d'orthographe et de composition littéraire, copier, sous la dictée d'un clairvoyant, des ouvrages ou des fragments utiles à leurs études; correspondre, soit entre eux soit avec des clairvoyants, pourvu toutefois que ceux-ci aient été préalablement initiés à leurs procédés; recueillir leurs sentiments, leurs pensées, leurs impressions; rendre le papier dépositaire des secrets de leur âme, ineffable confidence connue de Dieu seul, où le cœur humain trouve souvent tant de charmes et de consolations! Si l'on n'était retenu par le souvenir de la modestie qui caractérisait l'auteur de cette heureuse découverte, ne pourrait-on pas le proclamer le Jean Guttemberg des aveugles?

Le langage parlé avait son expression, mais la langue musi-

cale n'avait pas la sienne encore ; et, alors comme à présent, la
musique était une des branches principales de l'enseignement dans
l'Institution. Les désirs de L. Braille n'étaient donc pas satisfaits:
il chercha bientôt à appliquer son système d'écriture en points
saillants à la notation musicale. Il était doué d'une grande patience dans ses essais; son esprit, essentiellement méthodique,
se livrait facilement à la décomposition et à la recomposition d'un
tout. A l'aide de cette double lumière que fournissent l'analyse
et la synthèse, s'appuyant aussi sur les tentatives faites avant lui
dans l'Institution, faisant usage d'une disposition particulière
de son esprit, qui était de poursuivre le moins pour arriver au
plus par degrés imperceptibles mais réels, il eut d'abord pour
but la notation du plain-chant, puis celle de petits airs très
simples. De là, il arriva peu à peu jusqu'à l'écriture de la musique de piano et des partitions les plus compliquées. Six points
diversement combinés avaient produit toutes ces merveilles [1],
tant il est vrai que le génie, sublime émanation de l'esprit divin,
pour créer les plus grandes choses n'a besoin que des plus petits éléments !

L'écriture et la lecture des paroles et de la musique sont désormais des faits acquis pour les aveugles ; ils écrivent et lisent
avec la même facilité. Cependant il y avait encore un pas à
faire : le procédé était conventionnel ; dans le plus grand nombre des cas, les aveugles étaient obligés d'avoir recours à une
main étrangère pour établir des relations écrites avec les clairvoyants. Tous en avaient senti l'inconvénient : à L. Braille
encore était donné de le faire disparaître.

Il fallait une écriture en même temps facile à pratiquer pour
l'aveugle et à déchiffrer pour le clairvoyant. Plusieurs essais
avaient été faits à l'aide de la plume et du crayon; aucun n'avait

---

(1) L. Braille a fait imprimer en relief, en 1829 et en 1837, le résultat
de ses recherches sous le titre de *Procédés pour écrire, au moyen de
points, les paroles, la musique et le plain-chant.*

réussi. La cécité a besoin d'un régulateur sans solution de continuité, afin de se rendre compte et de l'étendue et de la distance. M. Braille adopta pour régulateur un grillage à jours très fins, avec lequel il pût déterminer exactement la séparation à mettre entre les différents signes alphabétiques et la grandeur que doit avoir chacun de ces signes. Pour rendre invariables les dimensions des lettres, il imagina de dresser un tableau indiquant le nombre de points exigés par la forme d'une lettre, et aussi les positions successives que doivent prendre ces points pour représenter les différentes parties de sa figure. L'invention était faite, L. Braille en a consigné les détails dans une notice qu'il fit imprimer en 1839[1]. Un de ses intimes amis, M. Foucault, comprit toute l'étendue du service qu'elle devait rendre aux aveugles. Il appliqua l'aptitude spéciale de son esprit pour la mécanique à la découverte d'une machine qui permit de supprimer la grille régulatrice, cause nécessaire de lenteur[2]. Cette machine fit faire un tel pas à l'invention que L. Braille lui-même, sacrifiant son titre d'inventeur unique, se plaisait à appeler cette manière d'écrire le procédé Braille-Foucault.

Grâce donc à MM. Braille et Foucault, les aveugles peuvent maintenant, comme les voyants, entretenir des communications avec toute personne absente, pourvu qu'elle sache lire ; les secrets de leur esprit et de leur cœur ne sont plus exposés à être dévoilés par la légèreté d'un secrétaire.

La mécanique à écrire de M. Foucault fit jaillir une étincelle qui était restée ensevelie sous la cendre. Jusqu'alors, nul n'avait encore osé penser qu'il fût possible à un aveugle de tracer sur le papier la musique si compliquée des clairvoyants.

(1) *Nouveau procédé pour représenter par des points la forme même des lettres, les cartes géographiques, les figures de géométrie, les caractères de musique, etc. ; à l'usage des aveugles.*

(2) Cette mécanique accroît incomparablement la célérité de l'opération et la régularité des caractères, et offre la possibilité d'une écriture blanche ou colorée, suivant qu'on fait usage ou non de papier à décalquer.

L. Braille le tenta. Dans cette circonstance encore, il employa la méthode qui lui était propre : il envisagea d'abord le but modeste d'écrire la musique de manière à ce que, dans l'absence de l'écrivain aveugle, elle pût être mise au net par un copiste clairvoyant initié d'avance à quelques conventions qu'il croyait nécessaires. D'après ce principe, il fit exécuter successivement plusieurs machines, qui allaient toujours se perfectionnant ; il en fit construire une dernière, qu'il expérimenta durant le dérangement de santé avant-coureur de sa dernière maladie.

A la grande satisfaction de ses amis, il obtint des résultats qui dépassaient de beaucoup ceux qu'il s'était proposés dans l'origine de ses essais. Espérons que d'autres viendront apporter à cette dernière mécanique les améliorations que L. Braille n'aurait pas manqué d'y apporter lui-même s'il eût vécu [1]. Ainsi, un procédé très simple pour lire et écrire, à l'usage des aveugles ; le même procédé appliqué à la musique dans toutes ses parties ; une écriture très lisible pour les clairvoyants ; un moyen offert aux compositeurs aveugles de rendre leur musique écrite intelligible aux musiciens doués de la vue, telles sont les magnifiques dotations de L. Braille à la grande famille des aveugles ; tels sont ses titres à la gloire ! Voilà ce qui le fera toujours compter au nombre des hommes qui ont le plus travaillé à briser les entraves de la cécité.

Comme on le voit, L. Braille faisait toujours marcher de pair deux sortes de travaux : d'abord les devoirs de l'enseignement, puis les recherches qu'exigeaient ses compositions ou ses inventions.

Dès l'âge de vingt-six ans, L. Braille vit sa santé s'affaiblir; et alors on fut obligé de diminuer sa besogne active et de lui confier de modestes classes, qui n'exigeaient que très peu de

(1) Cette machine permet de tracer régulièrement les clefs, la portée, les petites lignes supplémentaires, les notes, les paroles qui peuvent accompagner la musique, etc.

frais de parole et nulle préparation. Il n'en continua pas moins à consacrer ses moments de loisir aux nouvelles combinaisons que lui suggérait son génie inventif; mais il aimait surtout à se livrer à ces entretiens affectueux où ses amis trouvaient tant de charmes.

L'amitié chez lui était un devoir consciencieux en même temps qu'un tendre sentiment. Il lui aurait tout sacrifié, son temps, sa santé, sa fortune. Il en donna plus d'un exemple. Ainsi un de ses meilleurs élèves venait de quitter l'Institution et n'était pas suffisamment pourvu de moyens d'existence; Braille, organiste d'une paroisse de Paris, n'hésita pas à se désister de sa place en faveur de son élève.

Il voulait que son amitié profitât à ceux qui en étaient l'objet; elle le rendait vigilant sur leur conduite et lui inspirait souvent de fermes et lumineux conseils. Lorsqu'il y avait un avis important, mais pénible, à adresser à un ami commun, si d'autres montraient de l'hésitation ou de la répugnance à s'acquitter de cette mission difficile, « Allons! je me sacrifierai, » disait-il en souriant. Il remplissait si fréquemment cette fonction délicate, que l'expression lui était devenue familière, et que ses amis prenaient plaisir à le surnommer *le Censeur*.

Cet esprit observateur ne se laissait pas même entrevoir dans la conversation, où L. Braille s'appliquait avec le plus grand soin à ne rien laisser échapper de désagréable pour qui que ce fût. Il savait l'entretenir d'une manière intéressante et variée. On a dit que Labruyère s'était affranchi d'une des plus grandes difficultés du style, les transitions : L. Braille, par nature, en possédait le talent, et en faisait encore une étude permanente. Aussi ses causeries passaient-elles insensiblement de la gaîté au sérieux, et du ton gracieux au ton sévère. Quoiqu'il fût doué d'un esprit très positif, il ne s'en laissait pas moins aller à la plaisanterie de bonne société; il faisait de temps en temps briller des traits d'esprit charmants, et même se permettait quelquefois d'aiguiser une pointe délicate. Quelques-unes de ses expressions faisaient fortune parmi ses amis, et bientôt passaient de bouche en bouche, avec l'autorité et les honneurs du proverbe.

Ses paroles et le ton de sa voix portaient un cachet de finesse dont l'empreinte se reproduisait sur sa physionomie, où il était difficile de démêler ses pensées et ses impressions, attendu qu'il savait les comprimer dans son intérieur par l'énergie de son caractère et de sa volonté. Les choses qu'il avait résolues, il les accomplissait avec la même conscience, qu'elles lui fussent agréables ou désagréables ; il lui suffisait qu'elles fussent utiles. S'il a quelquefois desiré des honneurs qui, à coup sûr, étaient bien dus à son mérite et à ses travaux, ce n'était pas dans un intérêt personnel qu'il les souhaitait, mais parce qu'il les eût réclamés pour tout autre, et que l'éclat devait en rejaillir sur le corps des professeurs de l'Institution, auquel il se faisait gloire d'appartenir. Son maintien était mesuré d'après les règles de la plus stricte convenance. Il avait une attention continuelle à n'y rien laisser percer qui fût propre à le faire remarquer ; il détestait également la bizarrerie, et l'originalité affectée dans le caractère. Son originalité, à lui, c'était de ne paraître pas original.

Sa taille était restée d'une médiocre grandeur, fluette, assez élancée, et élégamment découplée ; sa tête se portait légèrement en avant ; ses cheveux blonds bouclaient naturellement ; il avait des manières faciles et dégagées ; ses traits étaient réguliers. Il avait conservé le sourire de sa jeunesse, que les travaux, la maladie, la mort même n'avaient pu lui faire perdre. Son teint pâle annonçait une santé débile. Il avait de la vivacité dans ses mouvements, et sa démarche était assurée, pleine de dextérité.

La singulière justesse de son esprit, la rectitude de sa raison, la pénétration de son intelligence, lui faisaient prévoir l'enchaînement et les conséquences des événements ; en sorte que, parmi les personnes qui le connaissaient particulièrement, il y

en avait peu qui ne le prissent pour conseiller, et ne se trou-
vassent très bien de la direction que leur avait fait prendre sa
prudence. Aussi ne manqua-t-il pas d'être admis dans les conseils des différentes sociétés qui ont été formées en faveur des
aveugles, et il y apporta toujours un concours zélé et éclairé.
L. Braille ne se borna pas à l'heureuse influence de ses paroles,
il y joignit l'action et le dévouement. Il aimait à rendre service
et à soulager les malheureux. Lorsqu'il faisait du bien, il agis-
sait avec tant de simplicité et de délicatesse qu'il dérobait,
pour ainsi dire, la main du bienfaiteur aux regards de celui qui
recevait le bienfait. Il savait qu'il ne suffit pas de donner, mais
qu'il faut le faire avec cet esprit de charité chrétienne qui res-
pecte la dignité de l'âme humaine dans la personne du pauvre.
La foi solide et vive dont il était animé lui suggérait cette
noblesse de sentiments ; et la religion, qu'il avait toujours cul-
tivée avec autant d'assiduité que de conviction, lui faisait envi-
sager, sinon sans émotion, du moins sans effroi, les approches
de la mort. Depuis l'année 1835 environ, le mauvais état de sa
poitrine se manifesta plusieurs fois par des crachements de
sang ; mais les précautions qu'il prenait, la parfaite régularité
de sa vie et son extrême sobriété semblaient avoir fortifié son
tempérament durant ses dernières années, à tel point qu'il se
plaisait quelquefois à se bercer dans de gracieux projets d'avenir. Mais dans la nuit du 4 au 5 décembre 1851, après un
rhume peut-être un peu trop négligé, il vit se déclarer une
hémorrhagie réelle et abondante : c'était le coup formidable
qui ne devait pas lui permettre de se relever.

Le même accident se reproduisit à diverses reprises, dans les
jours suivants, avec une intensité effrayante pour les personnes
qui entouraient le malade. L. Braille conservait un calme pro-
fond ; néanmoins il sentit lui-même que sa vie était en danger :
il demanda par précaution les secours spirituels, et reçut les
sacrements avec une piété aussi respectueuse qu'édifiante. Le
lendemain de cette touchante et solennelle cérémonie, le ma-

lade adressa les paroles suivantes à l'ami à qui il était donné de
le visiter le plus souvent, et qui les conserva dans son cœur
comme un précieux trésor : « Le jour d'hier est un des plus
« beaux et des plus grands de ma vie. Quand on a passé par
« là, on comprend toute la puissance et la majesté de la reli-
« gion. Mais, ô mystère insondable du cœur humain ! je suis
« convaincu que ma mission est finie sur la terre ; j'ai goûté
« hier les suprêmes délices ; Dieu a daigné faire briller à mes
« yeux les splendeurs des éternelles espérances. Après tout
« cela, ne semble-t-il pas que plus rien ne doit être capable de
« m'attacher à la terre ? Eh bien, je demandais à Dieu, il est
« vrai, de me retirer du monde..... mais je sentais que je ne le
« demandais pas fort. »

Dix jours plus tard, la fête de Noël arriva : le pieux malade
voulut la célébrer sur son lit de douleur, et recevoir de nouveau
le Dieu qui donne la patience et la résignation. Pour maintenir
son âme dans une douce méditation, il priait son ami de lui
suggérer quelques bonnes pensées, tirées surtout des circonstances du temps et de l'état de maladie dans lesquels ils se
trouvait. Il fallait que ces pensées fussent courtes et substan-
tielles ; car il n'aimait pas plus la prolixité dans le langage de
la piété que dans le langage ordinaire. En mettant ordre à ses
intérêts spirituels, il ne négligeait pas ses affaires tempo-
relles : il fit venir le notaire et dicta avec précaution ses dispositions testamentaires, où il fit briller une générosité dont le
secret fut connu de Dieu seul et de ceux qui en étaient l'objet.
Celui de ses collègues qui avait le plus de communications avec
lui pendant le cours de cette dernière maladie, écrivait de temps
en temps sous sa dictée la note des bonnes œuvres et des souvenirs d'amitié qu'il voulait laisser après lui.

Ses bonnes œuvres avaient surtout pour but les aveugles,
les pauvres, la propagation de la foi. Ainsi L. Braille disposait
tout pour sa mort avec le même sang-froid qu'on met à faire les
préparatifs d'un simple voyage. Lorsqu'on cherchait à l'encou-

rager par l'espoir de la guérison, " Vous savez, disait-il avec
" simplicité, que je ne me paye pas de cette monnaie-là ; il
" n'est pas nécessaire de dissimuler avec moi. "

Cependant, par une illusion assez ordinaire au genre de maladie dont il était frappé, quelques jours avant sa mort, il paraissait avoir plus de confiance dans le rétablissement de sa santé,
comme si la Providence, par égard pour la faiblesse humaine,
voulait, dans ces grandes circonstances, voiler l'aspect de la
mort pour en diminuer l'horreur.

Le 6 janvier 1852 devait être son jour suprême. Le matin, il
demanda qu'on lui rappelât le sens symbolique de l'or, de l'en-
cens et de la myrrhe dont, à pareil jour, les rois mages avaient
fait présent à celui dont ils avaient vu briller l'étoile en Orient.
Vers le milieu de la journée, sentant sa fin prochaine, il voulut
se fortifier pour le redoutable passage, et reçut le saint viatique
avec une tendre piété. Avant et après la cérémonie sainte, ses
amis et son frère venaient l'entourer et l'embrasser pour la dernière fois. Il donnait à chacun les marques les plus touchantes
d'affection ; et lorsqu'il cessa de pouvoir parler, il faisait avec les
lèvres des mouvements de tendresse qui en disaient plus au
cœur que toutes les paroles ; tous les spectateurs étaient émus
usqu'aux larmes. L'agonie commença vers quatre heures du
soir, et à sept heures et demie L. Braille remit sa belle âme
entre les mains de Dieu.

Ainsi mourut, à l'âge de quarante-trois ans, ce professeur dis-
tingué dont la vie tout entière s'était écoulée dans le dévouement, le calme, les douceurs de l'amitié, la pratique du bien.

La chambre où il avait expiré fut transformée en une espèce
de sanctuaire dans lequel élèves et amis venaient prier et pleu-
rer sur les restes d'un maître, d'un ami chéri et vénéré. Pour
adoucir les rigueurs de la séparation et prolonger en quelque
manière son séjour parmi eux, ses amis firent faire son portrait,
dont un art merveilleux multiplia les exemplaires au gré de
l'amitié.

M. Dufau, directeur de l'Institution depuis douze ans, avait eu le temps d'apprécier le mérite de celui qui excitait tant de regrets ; il fit faire le moulage en plâtre du défunt tandis qu'il était encore sur son lit de mort, prévenant par cette bienveillante mesure le noble élan de ses élèves, en donnant, à leur insu, au projet de souscription, une base qui en rendait l'exécution plus sûre et plus facile.

Le service funèbre de Louis Braille fut célébré dans la chapelle de l'Institution ; mais sa famille désira emporter sa dépouille mortelle, afin de la faire reposer dans le cimetière de son village, auprès de celles de son père et de sa sœur. Son âme, du haut des cieux, nous aimons à le penser, sourit à la beauté du sentiment qui inspira les honneurs qu'on lui rend aujourd'hui ; et, par d'ardentes prières, elle fait descendre sur cette Institution qu'elle a tant aimée les bénédictions de Dieu, qui seront pour cet établissement la source de toutes prospérités.

TABLE DES MATIÈRES.

EXTRAIT DU RÈGLEMENT DE L'INSTITUTION.

CONDITIONS D'ADMISSION.

Les élèves sont pensionnaires ou boursiers. Le prix de la pension est fixé pour les familles à 1000 francs, tout compris. Le ministre de l'intérieur nomme, sur la subvention votée par le Corps-Législatif, à un certain nombre de places qu'il distribue, suivant les cas, en quarts de bourse, demi-bourses, trois quarts de bourse et bourses entières, au taux nominal de 800 francs.

Le prix des autres bourses est fixé comme suit. Pour les bourses accordées sur les fonds des départements, des communes ou des administrations charitables, 600 francs. Pour les bourses fondées par les particuliers, 800 francs. Le prix des demi-bourses ou des quarts de bourse accordés par le ministre est de la moitié ou du quart des prix ci-dessus indiqués. Les pensions se payent d'avance et par trimestres ; tout mois commencé est dû en entier à l'établissement.

Tout élève fournit à son entrée un trousseau, dont l'établissement se charge moyennant une somme de 300 francs, versée à l'avance dans la caisse du receveur. Le trousseau ne se rend pas, à moins que l'élève n'ait séjourné moins de quatre mois dans l'établissement.

Nul enfant aveugle ne peut être admis dans l'Institution en qualité de boursier s'il est âgé de moins de neuf ans ou s'il a dépassé sa treizième année.

Nul élève boursier ne peut être admis s'il ne produit : 1° une déclaration délivrée par un docteur en médecine désigné par le préfet ou par le sous-préfet, et portant que la cécité est complète et ne paraît pas curable, et que l'enfant jouit de toutes ses facultés intellectuelles ; qu'il n'est point épileptique ; qu'il n'est atteint ni de scrofules au second degré, ni d'aucune infirmité qui puisse le rendre inhabile aux travaux dont les aveugles sont capables ; enfin, qu'il a eu la petite vérole ou a été vacciné ; — 2° son acte de naissance.

La durée du séjour est, pour les boursiers, sauf les cas exceptionnels de sortie, de huit années.

3

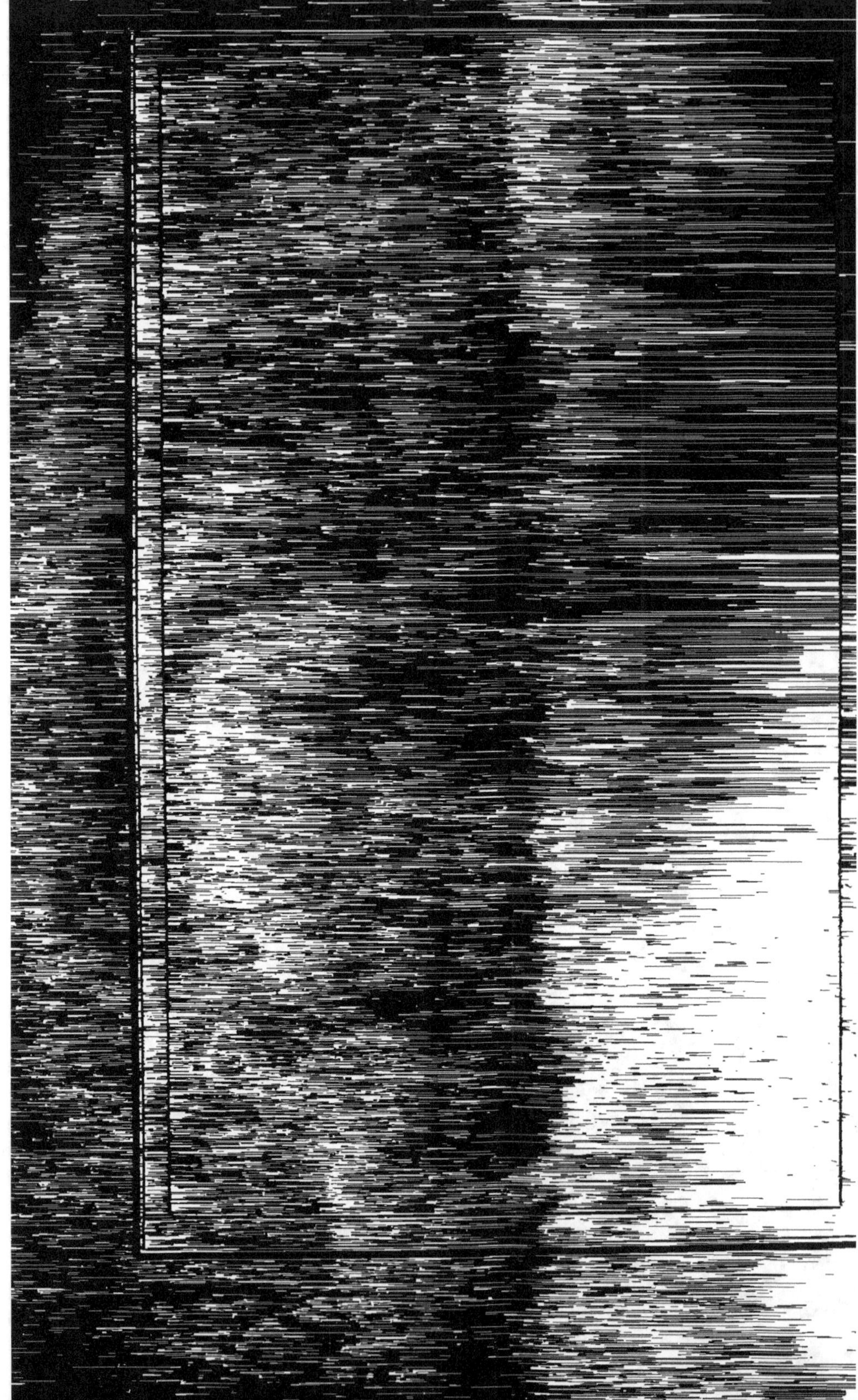

BIBLIOTHEQUE NATIONALE DE FRANCE
3 7502 00611228 8